Endlich ist der neue Familienzuwachs da und verzaubert alle mit dem süßen Lächeln und den großen Kulleraugen. Da macht es gleich doppelt Spaß zu den Stricknadeln zu greifen und für die zarten Blümchen und frechen Früchtchen witzige neue Mützen, Schuhe oder Stulpen zu arbeiten.

Freuen Sie sich über süße Modelle, die Sie für Ihren eigenen kleinen Schatz stricken können, die sich aber auch hervorragend als ein ganz persönliches Geschenk eignen und Freunde und Verwandte bestimmt zum Schmunzeln bringen.

Die Auswahl reicht vom zarten Vergissmeinnicht über die elegante Heckenrose bis hin zur frechen Ananas. Wem eine süße Mütze allein nicht genügt, der kann sich bei vielen Modellen über ergänzende Stulpen für kleine Finger und witzige Schühchen freuen, die das kleine Outfit abrunden.

Die Modelle sind nach Anleitung schnell gestrickt und sind auch für Anfänger kein Problem.
Viel Spaß beim Stricken und Verschenken wünscht Ihnen

Helga Spitz

Treues Vergissmeinnicht
süße Mütze für kleine Pflänzchen

GRÖSSE
Kopfumfang
ab ca. 41 cm
Höhe ca. 17 cm

MATERIAL
* Schachenmayr Merino Extrafine 120 (LL 120 m/50 g) in Limone (Fb 175), 50 g
* Schachenmayr Baby Wool (LL 85 m/25 g) in Türkis (Fb 66), 25 g
* Schachenmayr Regia 4-fädig (LL 210 m/50 g) in Gelb (Fb 2041), Rest
* Nadelspiel 3,5 mm
* stumpfe Sticknadel

MASCHENPROBE
Im Querrippenmuster mit Nd 3,5 mm und Merino Extrafine 120
23 M und 41,5 Rd = 10 cm x 10 cm

Glatt rechts in Runden
Alle M rechts str.

Glatt links in Runden
Alle M links str.

Querrippenmuster
Im Wechsel 8 Rd glatt links und 8 Rd glatt rechts str.

Anleitung

Die Mütze am unteren Rand beginnen und hoch zur Spitze str. 94 M in Limone anschl, auf 4 Spielnd verteilen und zur Rd schließen, ohne den Anschlagrand zu verdrehen. Nun im Querrippenmuster str. Nach 9,5 cm (= 39 Rd) ab Anschlag mit den Abnahmen für die Spitze beginnen:
40. Rd: 7x [8 M links str, 2 M links zusammenstr] und 3x [6 M links str, 2 M links zusammenstr] (= 84 M).
41.-47. Rd: M rechts str (= je 84 M).
48. Rd: Im Wechsel 5 M rechts str, 2 M rechts zusammenstr (= 72 M).
49.-56. Rd: M links str (= je 72 M).
Ab 57. Rd nur noch glatt rechts weiterarb.
58. Rd: Im Wechsel 7 M rechts str, 2 M rechts zusammenstr (= 64 M).
59. Rd: M rechts str (= 64 M).
60. Rd: Im Wechsel 6 M rechts str, 2 M rechts zusammenstr (= 56 M).
61. Rd: M rechts str (= 56 M).
62. Rd: Im Wechsel 5 M rechts str, 2 M rechts zusammenstr (= 48 M).
63. Rd: M rechts str (= 48 M).
64. Rd: Im Wechsel 4 M rechts str, 2 M rechts zusammenstr (= 40 M).
65. Rd: M rechts str (= 40 M).
66. Rd: Im Wechsel 3 M rechts str, 2 M rechts zusammenstr (= 32 M).
67. Rd: M rechts str (= 32 M).
68. Rd: Im Wechsel 2 M rechts str, 2 M rechts zusammenstr (= 24 M).
69. Rd: M rechts str (= 24 M).
70. Rd: Im Wechsel 1 M rechts str, 2 M rechts zusammenstr (= 16 M).
71. Rd: M rechts str (= 16 M).
72. Rd: Fortlaufend 2 M rechts zusammenstr (= 8 M).
Die restlichen 8 M mit dem Fadenende zusammenziehen. Fäden vernähen.

Blüte Vergissmeinnicht (18x)

Mit 2 Spielnd in Türkis 40 M anschl und in R arb.
1. R (= Rückr): * 1 M re str, 7 M abk, ab * 4x wdh.
Den Faden abschneiden, in die Stickstnd ohne Spitze fädeln und durch die restlichen 5 M führen. Den Faden fest anziehen und vernähen. Die Blütenmitte mit 1 Knötchenstich in Gelb betonen.

Fertigstellen

Über dem 2. und 3. Glatt-rechts-Streifen ab Anschlagrand je 5 Blüten gleichmäßig verteilt aufnähen, dabei die Blüten im 3. Streifen zu den Blüten im 2. Streifen versetzen. Nach dem letzten Glatt-links-Streifen die restlichen 8 Blüten gleichmäßig in der Rd verteilt aufnähen.

FRISCH ERBLÜHT

Liebes Vergissmeinnicht

niedliche Schühchen zum Krabbeln und Spielen

GRÖSSE
17

MATERIAL
* Schachenmayr Merino Extrafine 120 (LL 120 m/50 g) in Limone (Fb 175), 50 g
* Schachenmayr Baby Wool (LL 85 m/25 g) in Türkis (Fb 66), 25 g
* Schachenmayr Regia 4-fädig (LL 210 m/50 g) in Gelb (Fb 2041), Rest
* Nadelspiel 3,5 mm
* stumpfe Sticknadel

MASCHENPROBE
Im Querrippenmuster mit Nd 3,5 mm und Merino Extrafine 120
23 M und 41,5 Rd = 10 cm x 10 cm

Kraus rechts
In Hin- und Rückr rechte M str, bzw. in Rd 1 Rd rechte M, 1 Rd linke M im Wechsel str.

Rippenmuster
1 M rechts, 1 M links im Wechsel str.

Glatt rechts in Runden
Alle M rechts str.

Glatt links in Runden
Alle M links str.

Querrippenmuster
Im Wechsel 4 Rd glatt links und 4 Rd glatt rechts str.

Anleitung

Hinweis: Der Schuh wird in der Sohlenmitte begonnen.

32 M in Limone anschl, gleichmäßig auf 4 Spielnd verteilen [= je 8 M pro Nd] und zur Rd schließen. In Rd weiterarb. Der Rd-Beginn liegt in der rückwärtigen Mitte.
1. Rd: Linke M str.
2.-8. Rd: Kraus rechts str, dabei für die Form und notwendige Weite in der 2., 4., 6. und 8. Rd [= Rechts-Rd] am Anfang der 1. und 3. Nd und am Ende der 2. und 4. Nd je 1 M rechts verschränkt aus dem Querfaden zunehmen (= je 12 M auf jeder Nd bzw. 48 M in der Rd).
9. Rd: Rechte M str.
10.-29. Rd: Im Querrippenmuster arb.
30.-36. Rd: Kraus rechts str, dabei für die Form in der vorderen Mitte in der 30. und 32. Rd auf der 2. und 3. Nd je 2 M rechts zusammenstr (= je 3 M auf 2. und 3. Nd).
37.-39. Rd: Im Rippenmuster str.
Für den Umschlag kraus rechts in R weiterarb. Dafür die Arbeit nach der 2. Nd in der vorderen Mitte teilen und 10 R str. Alle M abketten. Fäden vernähen.
Den 2. Schuh genauso str.

Blüte Vergissmeinnicht (2x)
Mit 2 Spielnd in Türkis 40 M anschl und in R arb.
1. R (= Rückr): * 1 M re str, 7 M abk, ab * 4x wdh.
Den Faden abschneiden, in die Sticknd ohne Spitze fädeln und durch die restlichen 5 M führen. Den Faden fest anziehen und vernähen. Die Blütenmitte mit 1 Knötchenstich in Gelb betonen.

Fertigstellen
Je 1 Blüte pro Schuh in der vorderen Mitte annähen. Sohlennaht schließen.

FRISCH ERBLÜHT

Duftender Lavendel

freche Mütze für kleine Entdecker

GRÖSSE

Kopfumfang
ab ca. 44 cm
Höhe ca. 16,5 cm

MATERIAL

* Schachenmayr Micro
  Grande (LL 200 m/
  100 g) in Weiß
  (Fb 101), 100 g

* Schachenmayr
  Merino Extrafine 120
  (LL 120 m/50 g) in
  Violett (Fb 147), 50 g

* Schachenmayr Uni-
  versa (LL 125 m/50 g)
  in Grün melange
  (Fb 173), 50 g

* Nadelspiel 3,5 mm
  und 4,0 mm

* stumpfe Sticknadel

MASCHENPROBE

Glatt rechts
mit Nd 4,0 mm
und Micro Grande
21 M und 30,5 Rd
= 10 cm x 10 cm

Rippenmuster

1 M rechts, 1 M links im Wechsel str.

Glatt rechts

In Rd alle M rechts str.

Anleitung

Die Mütze am unteren Rand beginnen und hoch zur Spitze str. 88 M mit den Spielnd 3,5 mm in Weiß anschl, auf 4 Spielnd vertei- len und zur Rd schließen, ohne den An- schlagrand zu verdrehen. Für die Rollblende 4 Rd glatt rechts str. Dann für die Blende 4 Rd im Rippenmuster arb. Anschließend mit den Spielnd 4,0 mm glatt rechts weiterstr. Nach 9,5 cm (= 29 Rd) ab Blendenende mit den Abnahmen für die Spitze beginnen:

30. Rd: * 9 M rechts str, 2 M rechts zusam- menstr, ab * 7x wdh (= 80 M).

31.+32. Rd: M rechts str (= je 80 M).

33. Rd: * 8 M rechts str, 2 M rechts zusam- menstr, ab * 7x wdh (= 72 M).

34.+35. Rd: M rechts str (= je 72 M).

36. Rd: * 7 M rechts str, 2 M rechts zusam- menstr, ab * 7x wdh (= 64 M).

37. Rd: M rechts str (= 64 M).

38. Rd: * 6 M rechts str, 2 M rechts zusam- menstr, ab * 7x wdh (= 56 M).

39. Rd: * 5 M rechts str, 2 M rechts zusam- menstr, ab * 7x wdh (= 48 M).

40. Rd: * 4 M rechts str, 2 M rechts zusam- menstr, ab * 7x wdh (= 40 M).

41. Rd: * 3 M rechts str, 2 M rechts zusam- menstr, ab * 7x wdh (= 32 M).

42. Rd: * 2 M rechts str, 2 M rechts zusam- menstr, ab * 7x wdh (= 24 M).

43. Rd: * 1 M rechts str, 2 M rechts zusam- menstr, ab * 7x wdh (= 16 M).

44. Rd: Fortlaufend 2 M rechts zusammenstr (= 8 M).

Diese restlichen 8 M mit dem Fadenende zu- sammenziehen. Fäden vernähen.

Große Blüte Lavendel (6x)

Von oben nach unten in R ohne Rdm str.
Mit 2 Spielnd 3,5 mm in Violett 3 M anschl.

1. R (= Hinr): Aus der 1. und 2. M je 1 M rechts und 1 M rechts verschränkt herausstr, 1 M rechts str (= 5 M).

2. R (= Rückr): 5 M links str.

3. R: Aus den ersten 4 M je 2 M wie in 1. R beschrieben herausstr, 1 M rechts str (= 9 M).

4. R: 9 M links str.

5. R: 1 M rechts str, * aus der folgenden M 3 M aufstr, damit sie auf der linken Nd liegen, nun diese 3 M rechts str und gleichzeitig wie- der abk, 1 M rechts str, ab * 3x wdh.

6. R: 9 M links str.

7.-14. R: Die 5.+6. R 4x wdh.

15. R: * 3 M rechts überzogen zusammenstr [= 1 M wie zum Rechtsstr abheben, nächste 2 M rechts zusammenstr, die abgehobene M überziehen], ab * 2x wdh (= 3 M).

Nun über diese 3 M für den Stiel eine Kordel mit 2 Nd des Ndspiels 3,5 mm in Grün melan- ge anstr. * Dafür nicht wenden, sondern die M an das andere Ende der Spielnd schieben, den Faden hinter der Arbeit von links nach rechts holen, die 1. M rechts str und den Fa- den fest anziehen. Dann die restlichen 2 M rechts str. Nun die M stets rechts str, dabei den Vorgang ab * fortlaufend wdh. Nach 10 cm ab Stielbeginn die M abk.

Fertigstellen

Zunächst die Längsränder der Blüten zusam- mennähen. Dann die Blüten so auf die Mütze nähen, dass sie oben in der Mützenmitte zu- sammentreffen und die Stiele in gleichmäßi- gen Abständen auf der Mütze verteilt sind. Der Lavendel endet an der Rippenblende. Nun am Beginn der Stiele je 2 Blätter (je ca. 1,5 cm lang) in Grün melange im Margeri- tenstich aufsticken. Der Anschlagrand der Mütze rollt automa- tisch nach außen.

Verträumter Lavendel
provenzalische Stulpen für kalte Hände

GRÖSSE
Umfang 14 cm
Länge ca. 8 cm

MATERIAL
* Schachenmayr Micro Grande (LL 200 m/100 g) in Weiß (Fb 101), 100 g
* Schachenmayr Merino Extrafine 120 (LL 120 m/50 g) in Violett (Fb 147), 50 g
* Schachenmayr Universa (LL 125 m/50 g) in Grün melange (Fb 173), Rest
* Nadelspiel 3,5 mm
* Häkelnadel 3,0 mm
* stumpfe Sticknadel

MASCHENPROBE
Glatt rechts
mit Nd 3,5 mm
und Micro Grande
21,5 M und 32 Rd
= 10 cm x 10 cm

Rippenmuster
1 M rechts, 1 M links im Wechsel str.

Glatt rechts
In Rd alle M rechts str.

Anleitung
Stulpe (2x)
Die Stulpe am unteren Rand beginnen und nach oben str. 30 M mit den Spielnd 3,5 mm in Weiß anschl, auf 4 Spielnd verteilen und zur Rd schließen. Für die Blende 2 Rd glatt rechts und 2 Rd im Rippenmuster str. Anschließend glatt rechts weiterarb. Nach 5,5 cm (= 18 Rd) ab Blendenende für die Abschlussblende wieder 2 Rd im Rippenmuster str. Dann die M mit der Häkelnd 3,0 mm mit 1 Rd Km abhäkeln anstatt abk. Fäden vernähen.
Die 2. Stulpe genauso arb.

Kleine Blüte Lavendel (2x)
Von oben nach unten in R ohne Rdm str. Mit 2 Spielnd 3,5 mm in Violett 3 M anschl.
1. R (= Hinr): Aus der 1. und 2. M je 1 M rechts und 1 M rechts verschränkt herausstr, 1 M rechts str (= 5 M).
2. R (= Rückr): 5 M links str.
3. R: Aus den ersten 4 M je 2 M wie in der 1. R beschrieben herausstr, 1 M rechts str (= 9 M).
4. R: 9 M links str.
5. R: 1 M rechts str, * aus der folgenden M 3 M aufstr, damit sie auf der linken Nd liegen, nun diese 3 M rechts str und gleichzeitig wieder abk, 1 M rechts str, ab * 3x wdh.
6. R: 9 M links str.
7.-12. R: Die 5.+6. R 3x wdh.
13. R: * 3 M rechts überzogen zusammenstr [= 1 M wie zum Rechtsstr abheben, nächste 2 M rechts zusammenstr, die abgehobene M überziehen], ab * 2x wdh (= 3 M).
Nun über diese 3 M für den Stiel eine Kordel mit 2 Nd des Ndspiels 3,5 mm in Grün melange anstr. * Dafür nicht wenden, sondern die M an das andere Ende der Spielnd schieben, den Faden hinter der Arbeit von links nach rechts holen, die 1. M rechts str und den Faden fest anziehen. Dann die restlichen 2 M rechts str. Nun die M stets rechts str, dabei den Vorgang ab * fortlaufend wdh. Nach 1,5 cm ab Stielbeginn die M abk.

Fertigstellen
Zunächst die Längsränder der Blüten zusammennähen. Dann je 1 Blüte mit Stiel so auf jede Stulpe nähen, dass sie zwischen den Rippenblenden liegt. Nun am Beginn der Stiele je 2 kleine Blätter (ca. 1 cm lang) in Grün melange im Margeritenstich aufsticken.

FRISCH ERBLÜHT

Blatt für Blatt setzt sich diese Mütze zusammen. Durch das elastische Bündchen sitzt sie gut am Kopf.

Zarte Anemone
kleine Schönheit für kalte Köpfe

GRÖSSE
Kopfumfang ab ca. 41 cm
Höhe ca. 20 cm

MATERIAL
* Schachenmayr Merino Extrafine 120 (LL 120 m/50 g) in Clematis (Fb 148), Violett (Fb 147) und Maracuja (Fb 121), je 50 g, und in Limone (Fb 175), Rest
* Nadelspiel 3,5 mm
* stumpfe Sticknadel

MASCHENPROBE
Glatt rechts
mit Nd 3,5 mm
24,5 M und 36 Rd
= 10 cm x 10 cm

Rippenmuster
3 M rechts, 2 M links im Wechsel str.

Glatt rechts
In Hinr rechte M, in Rückr linke M str, bzw. in Rd alle M rechts str.

Kraus rechts
In Rd 1 Rd rechte M, 1 Rd linke M im Wechsel str.

3 Maschen mit aufliegender Mittelmasche zusammenstricken (Doppelabnahme)
2 M gleichzeitig wie zum Rechtsstr abheben, 1 M rechts str und die abgehobenen M überziehen.

Anleitung

Die Mütze am unteren Rand beginnen und hoch zur Spitze str. 100 M in Clematis anschl, auf 4 Spielnd verteilen und zur Rd schließen, ohne den Anschlagrand zu verdrehen. Nun für die Blende im Rippenmuster str. Nach 2,5 cm (= 9 Rd) ab Anschlag glatt rechts weiterarb. Nach 8,5 cm (= 30 Rd) ab Blendenende die Arbeit vorerst ruhen lassen.
Nun die ersten 5 Blütenblätter getrennt arb. Pro Blatt 8 M in Violett anschl. Mit 2 Spielnd glatt rechts str, dabei mit 1 Rückr links beginnen. Für die Form beidseitig in der 2. R ab Anschlag nach der 1. und vor der letzten M je 1 M rechts verschränkt aus dem Querfaden zunehmen. Diese Zunahmen noch 5x in jeder 2. R wdh (= 20 M). Die M stilllegen.

Weiter geht es auf Seite 12

FRISCH ERBLÜHT

Wenn alle Blätter gestrickt sind, diese nacheinander in Violett mit den M der Mütze zusammenstr. Dafür jeweils 1 Blatt parallel vor die M der Mütze legen, dann je 1 M des Blatts mit 1 M der Mütze rechts zusammenstr. Dies fortlaufend wdh, bis alle Blätter mit der Mütze verbunden sind. 1 Rd rechte M str (= 100 M). In der nächsten Rd jeweils die letzte M eines Blatts mit der 1. M des folgenden Blatts rechts zusammenstr (= 95 M). 3 Rd rechte M über je 95 M str. In der nächsten Rd an den gleichen Stellen je 3 M mit aufliegender Mittel-M zusammenstr (= 85 M). 2 Rd rechte M über je 85 M str. Die Arbeit ruhen lassen.

Nun wieder 5 Blätter getrennt str. Pro Blatt 5 M in Violett anschl. Mit 2 Spielnd glatt rechts str, dabei mit 1 Rückr links beginnen. Für die Form beidseitig je 6 M wie bei den ersten 5 Blättern beschrieben zunehmen (= 17 M). Die M stilllegen.

Anschließend diese 5 Blätter auch mit der Mütze wie bei den ersten 5 Blättern beschrieben verbinden, dabei zunächst die ersten 8 M der Rd rechts str. Dann die Blätter nacheinander mit den M der Mütze zusammenstr [= diese 5 Blätter sind nun mittig versetzt zu den ersten Blättern]. Nun 1 Rd rechte M über 85 M str. In der nächsten Rd jeweils die letzte M eines Blatts mit der 1. M des folgenden Blatts rechts zusammenstr (= 80 M). 3 Rd rechte M über je 80 M str. In der nächsten Rd an den gleichen Stellen je 3 M mit auflie-

gender Mittel-M zusammenstr (= 70 M). 1 Rd rechte M über 70 M str. In der nächsten Rd wieder an den gleichen Stellen je 3 M mit aufliegender Mittel-M zusammenstr (= 60 M). 2 Rd rechte M über je 60 M str. Die Arbeit ruhen lassen.

Nun noch einmal 5 Blätter getrennt str. Pro Blatt 5 M in Violett anschl. Mit 2 Spielnd glatt rechts str, dabei mit 1 Rückr links beginnen. Für die Form beidseitig je 3 M wie bei den ersten 5 Blättern beschrieben zunehmen (= 11 M). Die M stilllegen.

Anschließend diese Blätter auch versetzt zu der letzten Blätter-Rd anstr. Dafür am Rd-Beginn 7 M rechts str. Dann * 11x je 1 M eines Blatts mit 1 M der Mütze rechts zusammenstr, 1 M rechts str, ab * 4x wdh (= 60 M). In der nächsten Rd zwischen je 2 Blättern je 3 M mit aufliegender Mittel-M zusammenstr (= 50 M). 2 Rd rechts über je 50 M str. In der nächsten Rd die Doppelabnahmen wie zuvor wdh (= 40 M). 1 Rd rechts über 40 M str. In der nächsten Rd fortlaufend je 2 M rechts zusammenstr (= 20 M). 1 Rd rechts über 20 M str.

Nun die Spitze in Maracuja kraus rechts beenden, dabei in der 2. Rechts-Rd jede 4.+5. M rechts zusammenstr (= 16 M). In der nächsten Rechts-Rd jede 3.+4. M rechts zusammenstr (= 12 M).

Die restlichen 12 M mit dem Fadenende zusammenziehen. Fäden vernähen.

Fertigstellen

Angrenzend an die maracujafarbene Spitze über jedes Blütenblatt 1 Margeritenstich in Limone [= ca. 1 cm lang] aufsticken.

FRISCH ERBLÜHT

Liebliche Anemone
warm umhüllt gegen kalte Hände

GRÖSSE
Umfang 15 cm, Länge 6 cm

MATERIAL
* Schachenmayr Merino Extrafine 120 (LL 120 m/50 g) in Clematis (Fb 148) und Violett (Fb 147), Reste
* Nadelspiel 3,5 mm

MASCHENPROBE
Glatt rechts mit Nd 3,5 mm
24,5 M und 36 Rd = 10 cm x 10 cm

Rippenmuster
2 M rechts, 2 M links im Wechsel str.

Glatt rechts
In Rd alle M rechts str.

Anleitung

Die Stulpe am unteren Rand beginnen. 32 M in Clematis anschl, auf 4 Spielnd verteilen und zur Rd schließen. Nun für die Blende im Rippenmuster str. Nach 1 cm (= 3 Rd) ab Anschlag glatt rechts weiterarb. Nach 4 cm (= 14 Rd) ab Blendenende noch 3 Rd rechte M in Violett anfügen. Dann die M locker abk.
Die 2. Stulpe genauso str.

Fertigstellen
Fäden vernähen.

GRÖSSE
Kopfumfang ab
ca. 43 cm
Höhe ca. 15 cm
ohne Blätter

MATERIAL
* Schachenmayr
  Micro Grande
  (LL 200 m/100 g)
  in Kirsche
  (Fb 130), 100 g
* Schachenmayr
  Merino Extra-
  fine 120
  (LL 120 m/50 g)
  in Apfel (Fb 173),
  50 g oder Rest
* Nadelspiel
  4,0 mm

**MASCHEN-
PROBE**
Im Wabenmuster
mit Nd 4,0 mm
und Micro Grande
19,5 M und 42 Rd
= 10 cm x 10 cm

Süße Himbeere

freche Mütze für Entdecker

Glatt links in Runden
Alle M links str.

Wabenmuster
M-Zahl teilbar durch 4.
1.-5. Rd: M rechts str.
6. Rd: * 1 tiefergestochene rechte M [= in die entsprechende M 5 Rd tiefer einstechen, die darüberliegenden M lösen sich dabei auf, nun die M rechts str], 3 M rechts str, ab * fortlaufend wdh.
7.-11. Rd: M rechts str.
12. Rd: * 2 M rechts str, 1 tiefergestochene rechte M wie in der 6. Rd beschrieben, 1 M rechts str, ab * fortlaufend wdh.
Die 1.-12. Rd 1x str, dann diese 12 Rd fortlaufend wdh.

Glatt rechts
In Hinr rechte M, in Rückr linke M str, bzw. in Rd alle M rechts str.

Anleitung
Die Mütze am unteren Rand beginnen und hoch zur Spitze str. 84 M in Kirsche anschl, auf 4 Spielnd verteilen und zur Rd schließen, ohne den Anschlagrand zu verdrehen. Für die Rollblende 1,5 cm (= 5 Rd) glatt links str. Nun im Wabenmuster weiterarb. Nach 10 cm (= 42 Rd) ab Blendenende mit den Abnahmen für die Spitze beginnen, dabei das Wabenmuster noch so weit wie möglich fortsetzen:
43. Rd: 84 M rechts str.
44. Rd: Im Wechsel 10 M rechts str, 2 M rechts zusammenstr (= 77 M).
45. Rd: 77 M rechts str.
46. Rd: Im Wechsel 9 M rechts str, 2 M rechts zusammenstr (= 70 M).
47. Rd: 70 M rechts str.
48. Rd: Im Wechsel 8 M rechts str, 2 M rechts zusammenstr (= 63 M).
49. Rd: 63 M rechts str.
50. Rd: Im Wechsel 7 M rechts str, 2 M rechts zusammenstr (= 56 M).
51. Rd: 56 M rechts str.
52. Rd: Im Wechsel 6 M rechts str, 2 M rechts zusammenstr (= 49 M).
53. Rd: 49 M rechts str.
54. Rd: Im Wechsel 5 M rechts str, 2 M rechts zusammenstr (= 42 M).
55. Rd: Im Wechsel 4 M rechts str, 2 M rechts zusammenstr (= 35 M).
56. Rd: Im Wechsel 3 M rechts str, 2 M rechts zusammenstr (= 28 M).
57. Rd: Im Wechsel 2 M rechts str, 2 M rechts zusammenstr (= 21 M).
58. Rd: Im Wechsel 1 M rechts str, 2 M rechts zusammenstr (= 14 M).
59. Rd: Fortlaufend 2 M rechts zusammenstr (= 7 M).
Diese restlichen 7 M mit dem Fadenende zusammenziehen. Fäden vernähen.

Blätter
15 M in Apfel anschl, auf 4 Spielnd verteilen und zur Rd schließen. 2 Rd glatt rechts str. Nun die 5 Blätter einzeln fortsetzen. Für das 1. Blatt nur über die ersten 3 M str und die übrigen 12 M stilllegen. Weiter 4 R glatt rechts str. Dann 3 M mit aufliegender Mittel-M zusammenstr [= 2 M gleichzeitig wie zum Rechtsstr abheben, nächste M rechts str und die abgehobenen M überziehen]. Den Endfaden durch die letzte M ziehen. Die übrigen 4 Blätter über je 3 der stillgelegten M genauso anstr.

Fertigstellen
Die Blätter mit dem Anschlagrand auf die Mützenspitze nähen.
Der Anschlagrand der Mütze rollt automatisch nach innen.

KLEINE MODELL-BIBLIOTHEK

Seite 18
Seite 20
Seite 26
Seite 23
Seite 30
Seite 28

Freche Ananas

Mütze aus dem Obstkorb

GRÖSSE

Kopfumfang ab
ca. 41 cm
Höhe ca. 18 cm ohne
Blätter

MATERIAL

* Schachenmayr Micro
  Grande (LL 200 m/
  100 g) in Sonne
  (Fb 121), 100 g

* Schachenmayr Uni-
  versa (LL 125 m/50 g)
  in Grün melange
  (Fb 173), 50 g

* Nadelspiel 4,0 mm

MASCHENPROBE

Im Wabenmuster
mit Nd 4,0 mm
und beiden Garnen
19,5 M und 41 Rd
= 10 cm x 10 cm

Glatt links in Runden

Alle M links str.

Wabenmuster

M-Zahl teilbar durch 4.
1.+2. Rd (Grün melange): M rechts str.
3.-6. Rd (Sonne): M rechts str.
7. Rd (Grün melange): * 1 tiefergestochene
rechte M [= in die entsprechende M 5 Rd
tiefer einstechen, die darüberliegenden M
lösen sich dabei auf, nun die M rechts str],
3 M rechts str, ab * fortlaufend wdh.
8. Rd (Grün melange): M rechts str.
9.-12. Rd (Sonne): M rechts str.
13. Rd (Grün melange): * 2 M rechts str,
1 tiefergestochene rechte M wie in der 7. Rd
beschrieben, 1 M rechts str, ab * fortlaufend
wdh.
14. Rd (Grün melange): M rechts str.
15.-18. Rd (Sonne): M rechts str.
Die 1.-18. Rd 1x str, dann die 7.-18. Rd fortlaufend wdh.

Glatt rechts in Reihen

In Hinr rechte M, in Rückr linke M str.

Anleitung

Die Mütze am unteren Rand beginnen und
hoch zur Spitze str. 80 M in Sonne anschl,
auf 4 Spielnd verteilen und zur Rd schließen,
ohne den Anschlagrand zu verdrehen. Für
die Rollblende glatt links in Rd str, dabei 1 Rd
in Sonne, 3 Rd in Grün melange und 3 Rd in
Sonne str. Nun im Wabenmuster weiterarb.
Nach 14,5 cm (= 60 Rd) ab Blendenende mit
den Abnahmen für die Spitze beginnen:
61. Rd (Grün melange): Wie 7. Rd im Wabenmuster str.
62. Rd (Grün melange): Im Wechsel 2 M
rechts str, 2 M rechts zusammenstr (= 60 M).

63. Rd (Sonne): * 5 M rechts str, 2 M rechts
zusammenstr, ab * 7x wdh, 4 M rechts
(= 52 M).
64.-66. Rd (Sonne): M rechts str.
67. Rd (Grün melange): Wie die 13. Rd im
Wabenmuster str.
68. Rd (Grün melange): Fortlaufend 2 M
rechts zusammenstr (= 26 M).
69. Rd (Grün melange): Im Wechsel 1 M
rechts str, 2 M rechts zusammenstr, mit 2 M
rechts enden (= 18 M).
70. Rd (Grün melange): Fortlaufend 2 M
rechts zusammenstr (= 9 M).
Diese restlichen 9 M mit dem Fadenende zusammenziehen. Fäden vernähen.

Großes Blatt (5x)

9 M in Grün melange anschl. 24 R glatt rechts
str. Dann für die Form in Hin- und Rückr
jeweils am R-Anfang 2 M rechts überzogen
zusammenstr [= 1 M wie zum Rechtsstr abheben, nächste M rechts str, abgehobene M
überziehen] bzw. links zusammenstr, bis nur
noch 1 M übrig ist. Dann den Faden durch
die letzte M ziehen und vernähen.

Kleines Blatt (5x)

Wie die großen Blätter str, jedoch nur 15 R
hoch arb.

Fertigstellen

Zunächst die großen Blätter am Anschlagrand zusammennähen, dann auf die Mützenspitze nähen. Nun die kleinen Blätter um die
großen schuppenförmig verteilen und eben-
falls mit dem Anschlagrand annähen. Zum
Schluss die kleinen Blätter an den Rändern
noch über je ca. 3 cm hoch festnähen, damit
eine Art Kelch entsteht.
Der Anschlagrand der Mütze rollt automatisch nach innen.

FRISCH ERBLÜHT

Hier haben die Maschenabnahmen nicht nur einen praktischen Effekt, sondern sind als Blütenlinien hübsch anzusehen.

Fröhliche Glockenblume

frisch erblüht für kleine Köpfe

GRÖSSE
Kopfumfang ab ca. 38 cm
Höhe ca. 17 cm ohne Blätter und Stiel

MATERIAL
* Schachenmayr Micro Grande (LL 200 m/100 g) in Violett (Fb 149), 100 g
* Schachenmayr Merino Extrafine 120 (LL 120 m/50 g) in Apfel (Fb 173), 50 g
* Nadelspiele 3,5 mm und 4,0 mm
* Rundstricknadel 4,0 mm, 60 cm lang

MASCHENPROBE
Glatt rechts mit Hebe-M und Nd 4,0 mm
21,5 M und 32,5 Rd
= 10 cm x 10 cm

Glatt rechts

In Hinr rechte M, in Rückr linke M str, bzw. in Rd alle M rechts str.

Hebemasche

In 1. Rd 1 M wie zum Linksstr abheben, dabei den Faden hinter der M weiterführen. In der 2. Rd die M rechts str.

2 Maschen rechts überzogen zusammenstricken

1 M rechts abheben, nächste M rechts str und abgehobene M überziehen.

3 Maschen mit aufliegender Mittelmasche zusammenstricken (Doppelabnahme)

2 M gleichzeitig wie zum Rechtsstr abheben, nächste M rechts str und die abgehobenen M überziehen.

Anleitung

Die Mütze am unteren Rand beginnen und hoch zur Spitze str. 171 M mit der Rundstricknd in Violett anschl und zur Rd schließen, ohne den Anschlagrand zu verdrehen. Nun für den Glockenrand wie folgt str:
1. Rd: M rechts str (= 171 M).
2. Rd: * 17 M rechts str, 2 M rechts überzogen zusammenstr, ab * 8x wdh (= 162 M).
3. Rd: * 15 M rechts str, 3 M mit aufliegender Mittel-M zusammenstr, ab * 8x wdh (= 144 M).
4. Rd: M rechts str (= 144 M).
5. Rd: * 13 M rechts str, 3 M mit aufliegender Mittel-M zusammenstr, ab * 8x wdh (= 126 M).
6. Rd: M rechts str (= 126 M).
7. Rd: * 11 M rechts str, 3 M mit aufliegender Mittel-M zusammenstr, ab * 8x wdh (= 108 M).

Weiter geht es auf Seite 22

FORTSETZUNG FRISCH ERBLÜHT

Nun auf das Ndspiel 4,0 mm wechseln.
8. Rd: M rechts str (= 108 M).
9. Rd: * 9 M rechts str, 3 M mit aufliegender Mittel-M zusammenstr, ab * 8x
wdh (= 90 M).
10. Rd: M rechts str (= 90 M).
11. Rd: * 8 M rechts str, 2 M rechts
überzogen zusammenstr, ab * 8x wdh
(= 81 M).
12. Rd: * 8 M rechts str, 1 Hebe-M, ab *
8x wdh (= 81 M).
13. Rd: M rechts str (= 81 M).
14.-39. Rd: 12.+13. Rd 13x wdh (= je
81 M).
Nun mit den Abnahmen für die Spitze
beginnen, dafür in der 40. Rd den Rd-
Beginn um 1 M verschieben, also nach
1 rechten M beginnen.
40. Rd: * 7 M rechts str, 2 M rechts
überzogen zusammenstr, ab * 8x wdh
(= 72 M).
41.+42. Rd: M rechts str (= je 72 M).
43. Rd: * 6 M rechts str, 2 M rechts
überzogen zusammenstr, ab * 8x wdh
(= 63 M).
44. Rd: M rechts str (= 63 M).
45. Rd: * 5 M rechts str, 2 M rechts
überzogen zusammenstr, ab * 8x wdh
(= 54 M).
46. Rd: M rechts str (= 54 M).
47. Rd: * 4 M rechts str, 2 M rechts
überzogen zusammenstr, ab * 8x wdh
(= 45 M).
48. Rd: M rechts str (= 45 M).
49. Rd: * 3 M rechts str, 2 M rechts
überzogen zusammenstr, ab * 8x wdh
(= 36 M).
50. Rd: M rechts str (= 36 M).

51. Rd: * 2 M rechts str, 2 M rechts
überzogen zusammenstr, ab * 8x wdh
(= 27 M).
52. Rd: M rechts str (= 27 M).
53. Rd: * 1 M rechts str, 2 M rechts
überzogen zusammenstr, ab * 8x wdh
(= 18 M).
54. Rd: M rechts str (= 18 M).
55. Rd: Fortlaufend 2 M rechts überzogen zusammenstr (= 9 M).
Die restlichen 9 M mit dem Fadenende
zusammenziehen. Fäden vernähen.

Blatt (3x)

3 M mit Nd 3,5 mm in Apfel anschl.
Glatt rechts in R str, dabei mit 1 Rückr
links beginnen. Für die Form in der
2. R vor und nach der Mittel-M je 1 M
rechts verschränkt aus dem Querfaden
zunehmen (= 5 M). Diese Zunahmen
in jeder 2. R noch 3x wdh (= 11 M).
Nun 8 R gerade str (= je 11 M).
In der nächsten R 2x je 2 M rechts zusammenstr, 3 M rechts str und 2x je
2 M rechts zusammenstr (= 7 M). In
der folgenden 2. R 2x je 2 M rechts zusammenstr, 1 M rechts str und 1x 2 M
rechts zusammenstr (= 4 M). Diese 4 M
stilllegen und noch 2 gleiche Blätter
str.
Nun 3x je 4 M der Blätter (= 12 M) auf
das Ndspiel 3,5 mm nehmen, dabei die
M gleichmäßig auf 4 Nd verteilen und
zur Rd schließen. Für den Stiel glatt
rechts in Rd str. In der folgenden 4. Rd
* 1 M rechts str, 2 M rechts zusammenstr, ab * 2x wdh, mit 3 M rechts enden
(= 9 M). Noch 7 Rd rechte M str. In der

nächsten Rd im Wechsel 1 M rechts str,
2 M rechts zusammenstr (= 6 M). In der
folgenden Rd im Wechsel 1 M rechts
str, 2 M rechts zusammenstr (= 4 M).
Die restlichen 4 M mit dem Fadenende
zusammenziehen. Fäden vernähen.

Fertigstellen

Blätter leicht dämpfen und am Beginn
des Stiels auf die Mützenspitze nähen.
Die Blätter noch ca. je 1 cm ab Spitze
mit 2-3 Stichen festhalten.

FRISCH ERBLÜHT

Der Hauptteil dieser Mütze ist einfach gestrickt, aber mit den kleinen Details wird sie zu einem richtigen Hingucker.

Edle Heckenrose

Klassisches für zarte Köpfe

GRÖSSE
Kopfumfang ab ca. 42 cm
Höhe ca. 15 cm (leicht gedehnt gemessen)

MATERIAL
* Schachenmayr Micro Grande (LL 200 m/ 100 g) in Orchidee (Fb 148) und Kiwi (Fb 172), je 100 g
* Stricknadeln 3,5 mm und 4,0 mm
* Häkelnadel 3,5 mm
* stumpfe Sticknadel

MASCHENPROBE
Im Rippenmuster
mit Nd 4,0 mm
20 M und 29 R
= 10 cm x 10 cm (leicht gedehnt gemessen)

Blätterborte
mit Nd 3,5 mm
1 Blatt = 3 cm breit,
2 Blätter = 9,5 cm lang

Rippenmuster
2 M rechts, 2 M links im Wechsel str.

2 Maschen rechts überzogen zusammenstricken
1 M rechts abheben, nächste M rechts str und abgehobene M überziehen.

3 Maschen rechts überzogen zusammenstricken (Doppelabnahme)
1 M wie zum Rechtsstr abheben, 2 M rechts zusammenstr und abgehobene M überziehen.

Blätterborte
6 M mit Nd 3,5 mm in Kiwi anschl und ohne Rdm wie folgt str:
1. R (= Hinr): 3 M rechts, 1 U, 1 M rechts, 1 U, 2 M rechts.
2. R (= Rückr): 6 M links, aus 1 M 1 M rechts und 1 M rechts verschränkt herausstr, 1 M rechts.
3. R: 2 M rechts, 1 M links, 2 M rechts, 1 U, 1 M rechts, 1 U, 3 M rechts.
4. R: 8 M links, aus 1 M 1 M rechts und 1 M rechts verschränkt herausstr, 2 M rechts.
5. R: 2 M rechts, 2 M links, 3 M rechts, 1 U, 1 M rechts, 1 U, 4 M rechts.
6. R: 10 M links, aus 1 M 1 M rechts und 1 M rechts verschränkt herausstr, 3 M rechts.
7. R: 2 M rechts, 3 M links, 2 M rechts überzogen zusammenstr, 5 M rechts, 2 M rechts zusammenstr, 1 M rechts.
8. R: 8 M links, aus 1 M 1 M rechts und 1 M rechts verschränkt herausstr, 1 M links, 3 M rechts.
9. R: 2 M rechts, 1 M links, 1 M rechts, 2 M links, 2 M rechts überzogen zusammenstr, 3 M rechts, 2 M rechts zusammenstr, 1 M rechts.

Weiter geht es auf Seite 24

FORTSETZUNG FRISCH ERBLÜHT

10. R: 6 M links, aus 1 M 1 M rechts und 1 M rechts verschränkt herausstr, 1 M rechts, 1 M links, 3 M rechts.

11. R: 2 M rechts, 1 M links, 1 M rechts, 3 M links, 2 M rechts überzogen zusammenstr, 1 M rechts, 2 M rechts zusammenstr, 1 M rechts.

12. R: 4 M links, aus 1 M 1 M rechts und 1 M rechts verschränkt herausstr, 2 M rechts, 1 M links, 3 M rechts.

13. R: 2 M rechts, 1 M links, 1 M rechts, 4 M links, 3 M rechts überzogen zusammenstr, 1 M rechts.

14. R: 2 M links zusammenstr, 3 M abk, 1 M rechts, 1 M links, 3 M rechts (= 6 M).
In der Höhe die 1.-14. R 1x str (= 1 Blatt), dann diese 14 R fortlaufend wdh.

Häkelblüte

Mit Häkelnd 3,5 mm in Orchidee 6 Lm anschl und mit 1 Km zum Ring schließen. Dann in Rd wie folgt häkeln:

1. Rd: * 1 fM, 6 Lm in den Ring häkeln, ab * noch 4x wdh, die Rd mit 1 Km in die 1. fM schließen.

2. Rd: Für die Blätter um jeden Lm-Bogen der 1. Rd 1 fM, 1 hStb, 3 Stb, 1 hStb und 1 fM häkeln, die Rd mit 1 Km in die 1. fM schließen.

3. Rd: 1 Lm, * 1 fM zwischen die 2 fM der 2. Rd arb, dabei hinter dem Blatt einstechen, 3 Lm häkeln, ab * noch 4x wdh, die Rd mit 1 Km in die 1. fM schließen.

4. Rd: Für die Blätter um jeden Lm-Bogen der 3. Rd 1 fM, 1 hStb, 4 Stb, 1 hStb

und 1 fM häkeln, die Rd mit 1 Km in die 1. fM schließen.

5. Rd: Hinter den Blättern arb. Dafür den Faden an der entsprechenden fM der 1. Rd mit 1 Km anschlingen und in die gleiche fM noch 1 fM häkeln.
* 6 Lm und 1 fM in die folgende fM der 1. Rd arb, ab * noch 3x wdh, 6 Lm häkeln, die Rd mit 1 Km in die 1. fM schließen.

6. Rd: Für die Blätter um jeden Lm-Bogen der 5. Rd 1 fM, 1 hStb, 2 Stb, 3 DStb, 2 Stb, 1 hStb und 1 fM häkeln, die Rd mit 1 Km in die 1. fM schließen. Faden abschneiden und vernähen. Die Blütenmitte in Orchidee mit 1 Noppe aus 5 zusammen abgemaschten Stb in 1 Einstichstelle betonen. Um die Noppe 5 Knötchenstiche in Kiwi sticken.

Anleitung

Die Mütze quer str und ab der rechten Seitenmitte fortlaufend über den Hinterkopf mit einer Naht schließen. 17 M mit der Nd 4,0 mm in Orchidee anschl. Nun 1 R aus 1 M rechts, 1 M links im Wechsel zwischen den Rdm str. In der folgenden R zwischen den Rdm aus jeder M 1 M rechts, 1 M rechts verschränkt bzw. 1 M links, 1 M links verschränkt herausstr (= 32 M). Anschließend zwischen den Rdm im Rippenmuster weiterarb. Nach 42 cm (= 122 R) ab Beginn des Rippenmusters zwischen den Rdm je 2 M mustergemäß zusammenstr (= 17 M). Nun diese M abk und mit den Anschlag-M

zusammennähen, dabei die Naht auf 4 cm einhalten.
Gleich anschließend die Mützenquernaht schließen und auf 16 cm einhalten.
Nun mit Nd 3,5 mm in Kiwi eine Blätterborte aus 9 Blättern str. Das 1. Blatt mit dem letzten Blatt verbinden. Danach die Borte mit der Naht in seitlicher Mitte entsprechend an den offenen Mützenrand nähen.

Fertigstellen

Fäden vernähen.
Eine Blüte mit Häkelnd 3,5 mm in Orchidee und Kiwi wie beschrieben häkeln. Dann über der seitlichen Mützennaht oberhalb der Blätterborte annähen.

FRISCH ERBLÜHT

Zarte Heckenrose

warme Stulpen für kleine Hände

GRÖSSE
Umfang im Rippenmuster ca. 11 cm
Länge ca. 9 cm

MATERIAL
* Schachenmayr Micro Grande (LL 200 m/100 g) in Orchidee (Fb 148) und Kiwi (Fb 172), je 100 g oder Reste der Mütze
* Nadelspiel 3,5 mm

MASCHENPROBE
Im Rippenmuster mit Nd 3,5 mm
22 M und 16 R = 10 cm x 5 cm (leicht gedehnt gemessen)

Blätterborte mit Nd 3,5 mm
1 Blatt = 4 cm breit,
2 Blätter = 9,5 cm lang (leicht gedämpft)

Rippenmuster
2 M rechts, 2 M links im Wechsel str.

2 Maschen rechts überzogen zusammenstricken
1 M rechts abheben, nächste M rechts str und abgehobene M überziehen.

3 Maschen rechts überzogen zusammenstricken (Doppelabnahme)
1 M wie zum Rechtsstr abheben, 2 M rechts zusammenstr und abgehobene M überziehen.

Blätterborte
6 M mit Nd 3,5 mm in Kiwi anschl und ohne Rdm wie folgt str:
1. R (= Hinr): 3 M rechts, 1 U, 1 M rechts, 1 U, 2 M rechts.
2. R (= Rückr): 6 M links, aus 1 M 1 M rechts und 1 M rechts verschränkt herausstr, 1 M rechts.
3. R: 2 M rechts, 1 M links, 2 M rechts, 1 U, 1 M rechts, 1 U, 3 M rechts.
4. R: 8 M links, aus 1 M 1 M rechts und 1 M rechts verschränkt herausstr, 2 M rechts.
5. R: 2 M rechts, 2 M links, 3 M rechts, 1 U, 1 M rechts, 1 U, 4 M rechts.
6. R: 10 M links, aus 1 M 1 M rechts und 1 M rechts verschränkt herausstr, 3 M rechts.
7. R: 2 M rechts, 3 M links, 2 M rechts überzogen zusammenstr, 5 M rechts, 2 M rechts zusammenstr, 1 M rechts.
8. R: 8 M links, aus 1 M 1 M rechts und 1 M rechts verschränkt herausstr, 1 M links, 3 M rechts.
9. R: 2 M rechts, 1 M links, 1 M rechts, 2 M links, 2 M rechts überzogen zusammenstr, 3 M rechts, 2 M rechts zusammenstr, 1 M rechts.
10. R: 6 M links, aus 1 M 1 M rechts und 1 M rechts verschränkt herausstr, 1 M rechts, 1 M links, 3 M rechts.
11. R: 2 M rechts, 1 M links, 1 M rechts, 3 M links, 2 M rechts überzogen zusammenstr, 1 M rechts, 2 M rechts zusammenstr, 1 M rechts.
12. R: 4 M links, aus 1 M 1 M rechts und 1 M rechts verschränkt herausstr, 2 M rechts, 1 M links, 3 M rechts.
13. R: 2 M rechts, 1 M links, 1 M rechts, 4 M links, 3 M rechts überzogen zusammenstr, 1 M rechts.
14. R: 2 M links zusammenstr, 3 M abk, 1 M rechts, 1 M links, 3 M rechts (= 6 M).
In der Höhe die 1.-14. R 1x str (= 1 Blatt), dann diese 14 R fortlaufend wdh.

Anleitung
Zunächst für die Blende mit 2 Spielnd in Kiwi eine Blätterborte aus 3 Blättern str. Das 1. Blatt mit dem letzten Blatt verbinden. Nun aus einem Rand mit 3 Spielnd 24 M in Orchidee auffassen und gleichmäßig auf 3 Nd verteilen. Im Rippenmuster in Rd str. Nach 5 cm (= 16 Rd) ab Beginn des Rippenmusters die M locker abk, wie sie erscheinen. Die 2. Stulpe genauso str.

Fertigstellen
Fäden vernähen.

27

FRISCH ERBLÜHT

Sonniges Gänseblümchen
kleines Tausendschön für süße Köpfchen

GRÖSSE
Kopfumfang ab ca. 42 cm
Höhe ca. 16 cm

MATERIAL
* Schachenmayr Merino Extrafine 120 (LL 120 m/50 g) in Apfel (Fb 173), 50 g
* Schachenmayr Regia 4-fädig (LL 210 m/50 g) in Gelb (Fb 2041) und Superweiß (Fb 2080), je 50 g
* Nadelspiele 3,5 mm und 4,0 mm
* Häkelnadel 2,0 mm

MASCHENPROBE
Im Perlmuster mit Nd 4,0 mm und Merino Extrafine 120
23 M und 38 Rd = 10 cm x 10 cm

Rippenmuster
1 M rechts, 1 M links im Wechsel str.

Perlmuster
1. Rd: 1 M rechts, 1 M links im Wechsel str.
2. Rd: 1 M links, 1 M rechts im Wechsel str.
In der Höhe die 1.+2. Rd 1x str, dann diese 2 Rd fortlaufend wdh.

Anleitung
Die Mütze am unteren Rand beginnen und hoch zur Spitze str. 94 M mit Spielnd 3,5 mm in Apfel anschl, auf 4 Nd verteilen und zur Rd schließen, ohne den Anschlagrand zu verdrehen. Nun für die Blende im Rippenmuster str. Nach 2 cm (= 8 Rd) ab Anschlag mit Nd 4,0 mm im Perlmuster weiterarb, dabei die M schon in der 1. Rd zu den M im Rippenmuster versetzen. Nach 9 cm (= 34 Rd) ab Blendenende mit den Abnahmen für die Spitze beginnen:
35. Rd: 7x [10 M im Perlmuster str, 3 M mustergemäß zusammenstr] und 3 M im Perlmuster str (= 80 M).
36.-38. Rd: Im Perlmuster str (= je 80 M).
39. Rd: 7x [8 M im Perlmuster str, 3 M mustergemäß zusammenstr] und 3 M im Perlmuster str (= 66 M).
40.-42. Rd: Im Perlmuster str (= je 66 M).
43. Rd: 7x [6 M im Perlmuster str, 3 M mustergemäß zusammenstr] und 3 M im Perlmuster str (= 52 M).
44.-46. Rd: Im Perlmuster str (= je 52 M).
47. Rd: 7x [4 M im Perlmuster str, 3 M mustergemäß zusammenstr] und 3 M im Perlmuster str (= 38 M).
48.+49. Rd: Im Perlmuster str (= je 38 M).
50. Rd: 7x [2 M im Perlmuster str, 3 M mustergemäß zusammenstr] und 3 M im Perlmuster str (= 24 M).
51.+52. Rd: Im Perlmuster str (= je 24 M).
53. Rd: Fortlaufend 3 M mustergemäß zusammenstr (= 8 M).
54. Rd: Im Perlmuster str (= 8 M).
Die restlichen 8 M mit dem Fadenende zusammenziehen. Fäden vernähen.

Gänseblümchen (12x)
Mit der Häkelnd 2,0 mm in Gelb in 1 Fadenring 2 Lm (= Ersatz für die 1. fM) und 9 fM häkeln (= 10 fM). Den Faden anziehen, um den Ring zu schließen. Nun in Weiß weiterhäkeln, zunächst die 1. Rd mit 1 Km schließen. Dann für 5 Blätter wie folgt weiterhäkeln: 1 Lm, * in die folgende fM 1 DStb, 3 Dreifach-Stb, 1 DStb, in die nächste fM 1 fM arb, ab * 4x wdh, die Rd mit 1 Km in die Lm vom Rd-Beginn schließen. Die Arbeit beenden.
Die restlichen 11 Blümchen genauso häkeln.

Fertigstellen
Fäden vernähen. Über der Mützenspitze 1 Blüte aufnähen. Die übrigen 11 Blüten relativ gleichmäßig über der Mütze verteilt aufnähen (siehe Abbildung).

Schönes Gänseblümchen

erste Schühchen für kleine Füße

FRISCH ERBLÜHT

GRÖSSE
18

MATERIAL
* Schachenmayr Merino Extrafine 120 (LL 120 m/50 g) in Apfel (Fb 173), 50 g
* Schachenmayr Regia 4-fädig (LL 210 m/ 50 g) in Gelb (Fb 2041) und Superweiß (Fb 2080), Reste
* Nadelspiel 3,5 mm
* Häkelnadeln 2,0 mm und 4,0 mm

MASCHENPROBE
Im Perlmuster mit Nd 3,5 mm und Merino Extrafine 120 24 M und 12 Rd = 10 cm x 3 cm

Glatt rechts in Runden
Alle M rechts str.

Rippenmuster
1 M rechts, 1 M links im Wechsel str.

Perlmuster
1. Rd: 1 M rechts, 1 M links im Wechsel str.
2. Rd: 1 M links, 1 M rechts im Wechsel str.
In der Höhe die 1.+2. Rd 1x str, dann diese 2 Rd fortlaufend wdh.

Kraus rechts
In Hin- und Rückr rechte M str, bzw. in Rd 1 Rd rechte M, 1 Rd linke M im Wechsel str.

Anleitung

Hinweis: Der Schuh wird mit dem Schaft begonnen.

40 M mit Spielnd 3,5 mm in Apfel anschl, gleichmäßig auf 4 Nd verteilen und zur Rd schließen. Nun für die Rollblende 1,5 cm (= 6 Rd) glatt rechts str. Dann 4 Rd im Perlmuster arb. Nun 3 Rd im Rippenmuster str. In der folgenden Rd für den Kordeldurchzug * 2 M str, 1 U auf die Nd nehmen, 2 M rechts überzogen zusammenstr [= 1 M wie zum Rechtsstr abheben, nächste M rechts str und abgehobene M überziehen], ab * 9x wdh. Anschließend wieder 3 Rd im Rippenmuster str. Dann im Perlmuster weiterarb, dabei die M schon in 1. Rd zu den M im Rippenmuster versetzen und nach 4 Rd die Arbeit für das Fußblatt teilen. Dafür ab rückwärtiger Mitte 15 M str, über die folgenden 10 M nun in Hin- und Rückr 18 R im Perlmuster weiterarb. Dann fortlaufend aus dem Seitenrand des Fußblatts 10 M auffassen, im Perlmuster 10 M über die Schaftseite, weiter 10 M über die Ferse (= rückwärtige Mitte), 10 M über die nächste Schaftseite str, aus dem 2. Seitenrand des Fußblatts 10 M auffassen und die vorderen 10 M des Fußblatts im Perlmuster str (= insgesamt 60 M). Nun für die Schuhhöhe noch 3 cm (= 12 Rd) folgerichtig im Perlmuster weiterarb. Dann für die Sohle über die 10 M in der vorderen Mitte kraus rechts in R str, dabei die Sohlen-M mit den M der Seitenränder des Schuhs wie folgt zusammenstr: Jeweils am Ende der Hinr 1 M der Sohle mit 1 M des Seitenrands rechts zusammenstr, am Ende der Rück-R je 1 M der Sohle mit 1 M des Seitenrands rechts verschränkt zusammenstr. Dieses Zusammenstr der M solange wdh, bis alle je 20 Seiten-M aufgebraucht sind. Dann die restlichen 10 Sohlen-M mit den 10 Fersen-M im M-Stich verbinden. Den 2. Schuh genauso str.

Gänseblümchen (2x)
Mit der Häkelnd 2,0 mm in Gelb in 1 Fadenring 2 Lm (= Ersatz für die 1. fM) und 9 fM häkeln (= 10 fM). Den Faden anziehen, um den Ring zu schließen. Nun in Weiß weiterhäkeln, zunächst die 1. Rd mit 1 Km schließen. Dann für 5 Blätter wie folgt weiterhäkeln: 1 Lm, * in die folgende fM 1 DStb, 3 Dreifach-Stb, 1 DStb, in die nächste fM 1 fM arb, ab * 4x wdh, die Rd mit 1 Km in die Lm vom Rd-Beginn schließen. Die Arbeit beenden.
Das 2. Blümchen genauso häkeln.

Fertigstellen
Fäden vernähen. Je 1 Blümchen auf dem Fußblatt aufnähen. Für die 2 Kordeln mit Häkelnd 4,0 mm und doppeltem Faden (je 1 Faden in Gelb und Superweiß) je eine 36 cm lange Lm-Kette (= 70 Lm) häkeln. Die Kordeln jeweils in die Loch-Rd am Schaft einziehen und zum Verschließen zu einer Schleife binden.

Helga Spitz lebt in Bad Säckingen und führt dort seit über 30 Jahren ein Handarbeits-Fachgeschäft. Damit hat sie ihr Hobby zum Beruf gemacht: schöne Garne und ausgefallene Strickideen sind schon immer ihre große Leidenschaft gewesen.
Durch die Nähe zu ihren Kunden und Kundinnen weiß Helga Spitz genau, was gerade im Trend liegt und von den Handarbeitsinteressierten gesucht wird. Fachgerecht berät sie bei der Auswahl der richtigen Garne, und gibt ihren Kunden auch gerne Hilfestellung bei Fragen und Problemen rund ums Stricken.

DANKE!

Wir danken der Firma Coats für die Unterstützung bei diesem Buch:
Coats GmbH Kenzingen
www.schachenmayr.com
www.coatsgmbh.de

TOPP – Unsere Servicegarantie

WIR SIND FÜR SIE DA! Bei Fragen zu unserem umfangreichen Programm oder Anregungen freuen wir uns über Ihren Anruf oder Ihre Post. Loben Sie uns, aber scheuen Sie sich auch nicht, Ihre Kritik mitzuteilen – sie hilft uns, ständig besser zu werden.

Bei Fragen zu einzelnen Materialien oder Techniken wenden Sie sich bitte an unseren Kreativservice, Frau Erika Noll.
mail@kreativ-service.info
Telefon 0 50 52 / 91 18 58

Das Produktmanagement erreichen Sie unter:
pm@frechverlag.de
oder:
frechverlag
Produktmanagement
Turbinenstraße 7
70499 Stuttgart
Telefon 07 11 / 8 30 86 68

LERNEN SIE UNS BESSER KENNEN! Fragen Sie Ihren Hobbyfach- oder Buchhändler nach unserem kostenlosen Magazin **Meine kreative Welt**. Darin entdecken Sie dreimal im Jahr die neuesten Kreativtrends und interessantesten Buchneuheiten.

Oder besuchen Sie uns im Internet! Unter **www.topp-kreativ.de** können Sie sich über unser umfangreiches Buchprogramm informieren, unsere Autoren kennenlernen sowie aktuelle Highlights und neue Kreativtechniken entdecken, kurz – die ganze Welt der Kreativität.

Kreativ immer up to date sind Sie mit unserem monatlichen **Newsletter** mit den aktuellsten News aus dem frechverlag, Gratis-Anleitungen und attraktiven Gewinnspielen.

IMPRESSUM

FOTOS: frechverlag GmbH, 70499 Stuttgart; lichtpunkt, Michael Ruder, Stuttgart
PRODUKTMANAGEMENT: Mareike Upheber
PRODUKTMANAGEMENT UND LEKTORAT: Edeltraut Söll, Offenburg
GESTALTUNG: Petra Theilfarth
DRUCK: Tiskárna Grafico s.r.o., Tschechische Republik   PRINTED IN GERMANY

Materialangaben und Arbeitshinweise in diesem Buch wurden von der Autorin und den Mitarbeitern des Verlags sorgfältig geprüft. Eine Garantie wird jedoch nicht übernommen. Autorin und Verlag können für eventuell auftretende Fehler oder Schäden nicht haftbar gemacht werden. Das Werk und die darin gezeigten Modelle sind urheberrechtlich geschützt. Die Vervielfältigung und Verbreitung ist, außer für private, nicht kommerzielle Zwecke, untersagt und wird zivil- und strafrechtlich verfolgt. Dies gilt insbesondere für eine Verbreitung des Werkes durch Fotokopien, Film, Funk und Fernsehen, elektronische Medien und Internet sowie für eine gewerbliche Nutzung der gezeigten Modelle. Bei Verwendung im Unterricht und in Kursen ist auf dieses Buch hinzuweisen.

2. Auflage 2015

© 2015 **frechverlag** GmbH, 70499 Stuttgart

ISBN 978-3-7724-6954-1 • Best.-Nr. 6954